C000277745

HYWEL DDA

HOWELL
THE GOOD

DIED 950

F·W·POMEROY A·R·A
SCULPTOR

Cymru a Lloegr ar hyd afon Gwy a hawliodd dreth enfawr o 20 pwys o aur, 300 pwys o arian a 25,000 o ychen y flwyddyn gan Hywel am ei amddiffyn. Teithiai Hywel yn gyson, efallai trwy orfodaeth, i lys y brenin yn Wessex a cheir ei lofnod ar sawl dogfen bwysig. Ei deitlau Lladin wrth ysgrifennu'i lofnod oedd *regulus*, brenin bach, neu *subregulus*, is-

Wales and England along the river Wye and to extract a huge annual tax of 20 pounds of gold, 300 pounds of silver and 25,000 oxen from Hywel for his protection. Hywel travelled regularly, perhaps under pressure, to the king's court in Wessex and his signature can be found on several important documents. The Latin titles he used to sign the

Abaty Malmesbury heddiw.

Malmesbury Abbey today.

frenin, sy'n awgrymu mai safle israddol oedd ganddo yn llys y Sacsoniaid. Ond eto, mae llofnod Hywel uwchben llofnodion tywysogion Cymreig eraill ac uchelwyr Seisnig ar y dogfennau hyn. Cafodd ei

documents were *regulus*, little king, or *subregulus*, under-king, which suggest that his was an inferior position in the Saxon court. And yet, Hywel's signature appears above those of other Welsh princes and

ymweliadau â Wessex effaith mewn ffyrdd eraill arno hefyd. Fel Alfred Fawr o'i flaen, aeth Hywel ar bererindod i Rufain yn 927, un o'r brenhinoedd Cymreig cyntaf i fentro mor bell allan o'i deyrnas. At hyn bathodd ddarn arian â'i enw arno, mewn bathdy yng Nghaer, a hwn yw'r unig ddarn arian o'r cyfnod sy wedi goroesi.

Ond roedd llu o elynion gan y Sacsoniaid hwythau, yn ôl bardd anhysbys o Gymru, a ganodd gerdd wladgarol o'r enw 'Armes Prydein' i annog y Llychlynwyr, y Pictiaid, y Sgotiaid, y Gwyddelod a'r Cymry i godi gyda'i gilydd mewn gwrthryfel i yrru'r Sacsoniaid allan o Brydain unwaith ac am byth. Byddai'n frwydr waedlyd, meddai: 'bydd pen wedi'i hollti heb ymennydd' a 'gwragedd yn weddwon a meirch heb farchogion'. Ond penderfynu cadw draw o'r drin a wnaeth Hywel. Trechodd Athelstan gynghrair y Sgotiaid a'r Llychlynwyr ym mrwydr fawr Brunanburh yn 937.

English lords on these documents. He was affected in other ways by his visits to Wessex. Like Alfred the Great before him, Hywel went on a pilgrimage to Rome in 927, one of the first Welsh kings to venture so far outside his kingdom. He also minted a silver coin with his name on it, in a mint in Chester, and this is the sole surviving silver coin of this period.

But the Saxons had many enemies, according to an anonymous Welsh poet who wrote a patriotic poem, entitled *Armes Prydein,* to urge the Vikings, Picts, Scots, Irish and Welsh to rise up in revolt together to drive the Saxons out of Britain once and for all. He claimed that it would be a bloody battle: 'heads would split open without brains'; 'wives would be widows and horses riderless'. But Hywel decided not to enter the fray. In the great battle of Brunanburh in 937 Athelstan defeated an alliance of Scots and Vikings.

cappā plume cum ea reliquerit.

Roydo debet hūe causam pre cere que
deponit de coluir med. Alie due
ptes inter diuidunt: due prel coduū
aule tertia camere. De coco.
Occuf debet hūe pre duoz uiroz de
pellib; ouium et agnoz et hedoz de
curia ocisoz ipse de caldario habebit
dyhynnyon. Debaretyly...
ad teylu cum familia regir pficisca
tur ad predam capiendam si sit cum
eis bonū iumentū de preda debet hūe
eo si belli tūc conflictuf: cantare

debet qd dicit vnbeynaych predein aute
familiam. Si poeta uenit ad rege cau
sa extorquendi aliquid ab eo: unum
carmen ei cū decantet. Si ad optima
te tria. Si ad uillanū: cantet donec
defitiat. De penkerd.
Penkerd debet hūe mertes defiliab;
poetare sibi subditoz. habebit q;
munera nuptiare.i. kyuarus neych
aur a feminab; nup datit. C.xxviii.8.
Cum regi placuerit in aula audire car
mina: penkerd pmo ct cedo carmi
na cantare debet. Vnum. C. de deo.
et altru de regib; et hoc in antenon pre
aule.i. huch kynret. postea cantet
poeta familie tertium carmen in poste
riori pre aule.i. hyscouet. Cum regi
na uoluerit in sua camera audire
carmina: poeta familie tria carmi
na de kerdamgau debet ei cantare.
et h uoce moderata et sine clamore
ne aula disturbet. De...
aber curie debet hūe capita
et pedes boum et uaccaru enectaz...

Llawysgrif hynod Peniarth 28, sy'n cynnwys Cyfraith Hywel.

The unique Peniarth 28 manuscript which contains Hywel's Law.

ñ debet ab hoftio recedere ñ longitudi
nem brachii fui cū uirge ūfuī ianitorem.

9

Ar y llaw arall, roedd cefnder Hywel, Idwal Foel, brenin Gwynedd, yn barod i herio'r Sacsoniaid ac mewn brwydr yn 942 cafodd ei ladd. Gwelodd Hywel ei gyfle; brysiodd i'r gogledd a chipiodd deyrnas Gwynedd oddi ar feibion Idwal. Trwy hynny daeth Hywel yn frenin dros ran helaethaf Cymru, yn cynnwys Gwynedd, Powys, Brycheiniog a Deheubarth. Pan fu farw yn 949 disgrifiodd croniclydd ef yn briodol fel 'pen a moliant yr holl Frytaniaid'.

Does dim yn ei yrfa filwrol ddisglair, er hynny, sy'n syfrdanol wahanol i yrfaoedd

On the other hand, Hywel's cousin, Idwal Foel, king of Gwynedd, was ready to challenge the Saxons and in a battle in 942 he was killed. Hywel seized his chance; he hurried north and captured the kingdom of Gwynedd from Idwal's sons. Thus Hywel became High King of most of Wales, including Gwynedd, Powys, Brycheiniog and Deheubarth. When he died in 949 the chronicler aptly described him as 'head and glory of all the British'.

However, there is nothing in his brilliant military career which was significantly different from the careers of other

Darn o'r palmant yng ngerddi Hendy-gwyn ar Daf.   Part of the pavement in the gardens at Whitland.

brenhinoedd eraill yr Oesoedd Canol ac sy'n cyfiawnhau disgrifio Hywel fel brenin neilltuol o 'dda'. Rhaid edrych i gyfeiriad arall am eglurhad, felly, ac yn arbennig ar y cyswllt rhwng Hywel Dda a 'Chyfraith Hywel', sef cyfraith frodorol Cymru cyn pasio'r Deddfau Uno â Lloegr yn 1536/43. Yn anffodus mae'r 40 copi o'r llyfrau cyfraith sydd wedi goroesi o'r Oesoedd Canol wedi'u hysgrifennu o tua'r flwyddyn 1250 ymlaen, dri chan mlynedd ar ôl marw Hywel, ac mae llawer o'r cyfreithiau ynddynt yn deillio o'r cyfnod diweddar hwn. Ac eto mae'n bosibl iawn

medieval kings and which justifies describing Hywel as a distinctly 'good' king. We must, therefore, look for another explanation, and to the connection between Hywel Dda and 'Hywel's Law', the native law of Wales before the Acts of Union with England were passed in 1536/43. Unfortunately, the 40 copies of the law books which have survived from the Middle Ages were written from around 1250 onwards, three hundred years after Hywel's death, and many of the laws in them derive from this later period. And yet it is very possible that there is a valid core

Gwydr addurniedig yng Nghanolfan Ymwelwyr Hendy-gwyn ar Daf.

Decorative glass in the Visitors' Centre at Whitland.

fod cnewyllyn dilys sy'n dyddio o gyfnod Hywel Dda ei hun yn y cyfreithiau pwysig hyn. Wedi'r cyfan, llwyddodd Hywel i uno rhannau helaeth o Gymru yn un deyrnas a chafwyd rhai blynyddoedd o heddwch dan ei arweiniad. At hyn, mae'r cyflwyniad ym mhob un o'r llyfrau cyfraith yn honni fod Hywel ap Cadell, 'tywysog Cymru oll', wedi galw ato chwe gŵr o bob cantref yn y wlad i'r Tŷ Gwyn ar Daf i drafod y cyfreithiau, i gadw a diwygio rhai ac i ddileu eraill.

Mae 'Cyfraith Hywel' yn cyffwrdd â phob agwedd ar fywyd Cymru'r cyfnod ac mae'r cyfeithiau'n rhoi darlun hynod ddifyr o'r gymdeithas ar y pryd. Mae'r llyfrau cyfraith yn agor â chyfraith llys y brenin ac â diffiniad o'r pedwar swyddog ar hugain oedd yn gwasanaethu yno. Dyna i chi'r penteulu, y distain, y penhebogydd a'r bardd teulu ymhlith eraill – pob un â'i gadair, ei swyddogaeth, ei gydnabyddiaeth a'i statws penodol yn y llys. Y seithfed swyddog, er

dating back to Hywel Dda's time in these important laws. After all, Hywel succeeded in uniting much of Wales into one kingdom and his leadership ensured several years of peace. Furthermore, the preface to each law book claims that Hywel ap Cadell, 'prince of all Wales', called together six men from each hundred in the country to Whitland, to discuss the laws, to keep and reform some and to abolish others.

'Hywel's Law' touches upon all aspects of Welsh life and provides a fascinating insight into society at this time. The law books begin with the law of the king's court and by defining the roles of the twenty-four officers who served therein. These were, among others, the leader of the king's retinue, the steward, the chief falconer and the household bard – each with his own specific chair, function, remuneration and status in court. The seventh officer, for example, was the groom of the chamber, who was expected

enghraifft, oedd y gwas teulu y disgwylid iddo gysgu a bwyta yn ystafell wely'r brenin, cyweirio gwely ei feistr a thywallt ei ddiod. Y tâl am hynny oedd hen ddillad gwely'r brenin a manion eraill. Roedd gan bawb eu priod le yn y gymdeithas hefyd, o'r brenin ar y brig, i lawr i'r uchelwr o waed cyflawn Cymreig, i'r taeog (y rhain i gyd yn wŷr rhydd), yr alltud a'r caeth ar y gwaelod eithaf. Doedd hi ddim

to sleep and eat in the king's chamber, make his master's bed and pour his drink. For payment he should receive, among other things, the king's old bedclothes. Everyone had his/her proper place in society too, from the king at its head, down to the nobleman of true Welsh blood, to the villein (all these were freemen), to the foreigner and the slave at the very bottom. It was not easy to move up the social

yn hawdd symud i fyny'r ysgol gymdeithasol. Nid oedd gan daeog hawl i'w ddyrchafu'i hun yn ysgolhaig, yn of nac yn fardd heb ganiatâd ei arglwydd.

Yn ôl cyfraith y tir, ar farwolaeth perchennog câi'r tir ei rannu'n gyfartal rhwng y meibion oll. Y mab ieuengaf fyddai'n rhannu, a'r hynaf yn cael dewis yn gyntaf. Câi hyd yn oed mab anghyfreithlon ei gyfran o'r dreftadaeth. Roedd y gyfraith hon yn deg iawn, ond gallai lesteirio adeiladu teyrnas gref i barhau o genhedlaeth i genhedlaeth. Ar farw Hywel Dda ei hun, ac er gwaethaf ei ymdrechion yn ystod ei oes, darniwyd ei deyrnas newydd rhwng ei feibion a meibion Idwal Foel.

Caiff trosedd a chosb lawer o sylw yn y llyfrau cyfraith. Doedd dim cosb eithaf am lofruddiaeth. Yn hytrach byddai'n rhaid i deulu llofrudd, hyd at y seithfed ach, dalu *galanas,* sef pris llofruddiaeth, i deulu'r sawl oedd wedi'i lofruddio. Amrywiai gwerth y *galanas* yn ôl statws y person a lofruddiwyd.

ladder. A villein could not improve himself by becoming a scholar, a blacksmith or a poet without his lord's permission.

According to the laws of the land, on the death of a landowner, his land would be divided equally between all his sons. The youngest son would divide the land; the oldest would choose first. Even an illegitimate son had his share of the inheritance. This was a very fair law, but it could militate against building up a strong kingdom, to last from generation to generation. On Hywel Dda's death, and in spite of his efforts during his lifetime, his new kingdom was torn apart by his sons and the sons of Idwal Foel.

Crime and punishment feature significantly in the law books. There was no capital punishment for murder. Instead of this the murderer's family, as far as the seventh generation, had to pay *galanas,* a murder price, to the family of the deceased. The value of the murder price varied according to the status of the person murdered.

Rerum u̅ reg̅ est: De pretio reg̅ dic̅d̅
triplicare su̅u̅ sayrhaed. Sayrhaed
& hui̅c triplicationi addere medietate̅
ei̅ elevando. & huic t̅rbc̅ t̅co m̅
t̅c̅c̅ & tertio similit̅. Sayrhaed u̅ e̅
est: frange̅ su̅u̅ refugiu̅, ut̅ cu̅ duo
reges ad fines su̅o̅ co̅iut̅di causa̅ ī
simul ue̅erint ∫ & in illo loco aliq̅s̅ de
hominib̅; alti̅ reg̅: homine̅ alti̅ in
t̅c̅tento ui̅ de cuis. aut uxore̅ e̅
abuit̅. Reddit̅ u̅ t̅co. centu̅ uacce albe,
cum tauro albo. de quolibet pago .i.
cantref. cui t̅r d̅ñac̅. cum uirga arge̅
tea eidem altitudinis cu̅ rege sedent̅
in cathedra sua. usq̅ ad os eius. & eide̅
grossitudinis cu̅ digito e̅ medico. &
cum cypho aureo qui sufficiat ad unu̅
tractum potationis regis. & qui habt̅ co
opelim aureum tam latum ut̅ faciem
regis. & adeo spissum ut̅ unguis aeato
ris polliat̅ qui p̅septennium aratrum te
nuerit. ut̅ cesta oui̅ auct̅ uirga de
bet h̅r̅e in unoq̅; capite t̅ia capita in
latitudine̅ erct̅ensa in quib̅; stet uir
ga. & in alto capite similit̅ t̅ia capi
ta. in quib̅; cyphus sedeat. capita illa

lex: eiusde̅ grossitudinis e̅
cum uirga. & eide̅ r. ai̅ t̅
digito eius medico. E g̅
aurum u̅ n̅on abitut̅ de

legine si sayrhaed ne iniuria regn̅
triplex est. ∫. frangat̅ su̅u̅ refugiu̅.
ui̅ cedere eam iuste. ui̅ aliquid ui
de manib̅; e̅ eripe. & tunc t̅ia pars
sayrhaed, e̅ restitut̅. sed sine auro e
sine argento.

Icarum reg̅ est h̅r̅e .xxx. t̅r ho̅es
aquitantes inco̅t̅aitio .i. xxiiii.
officiales suos. & duodem hospites.
p̅t̅ familia̅ & optimatis & pueros
& ioculatores & pauperes. ...i..t...

Ond gallai lleidr a oedd wedi dwyn eiddo gael ei grogi. Yn wir roedd y cyfreithiau'n dynodi gwerth pob math ar eiddo yn rhyfeddol o fanwl, o'r dderwen braff gwerth 120 ceiniog i groen llwynog a oedd yn werth dim ond wyth geiniog. Ceiniog oedd gwerth cath fach newydd ei geni, a dwy geiniog wedi iddi agor ei llygaid, ond unwaith iddi ddal llygoden codai'i gwerth i bedair ceiniog. Gallai person a ddaliwyd am ddwyn bwyd, er hynny, ofyn am drugaredd petai'n gallu profi ei fod wedi cardota am fwyd am dri niwrnod i ddiwallu newyn ei deulu.

Ceir adran i Gyfraith y Gwragedd yn y llyfrau cyfraith hefyd. Câi gwraig ei chyfrif yn wan ac israddol a chredid bod angen arglwydd arni i'w gwarchod. Yr oedd gwerth ei galanas a'r pris a delid pe câi ei sarhau yn dibynnu ar werth a statws ei gwarchodwr. Ac eto, mewn sawl ffordd, roedd gan ferched Cymru fwy o ryddid a hawliau, yn enwedig o fewn priodas, nag oedd gan lawer o fenywod eraill Ewrop ar y

But a thief caught stealing property could be hanged. Indeed, the laws note the value of all kinds of property, from the sturdy oak tree worth 120 pence to a fox's skin worth only eight pence, with remarkable accuracy. A new-born kitten was worth a penny, and two pence when it had opened its eyes, but once it had caught a mouse its value rose to four pence. A person caught stealing food, however, could seek clemency, if he could prove that he had been begging in vain for three days for food to feed his starving family.

The law books contain a section on Women's Laws too. A woman was considered to be weak and inferior and to require the protection of a lord. The value of a woman's murder or insult price depended on the value and status of her protector. And yet, in many ways, Welsh women had more freedom and rights, especially within marriage, than many other women in Europe at this time. Marriage was a legal

SARHAED GWRAIG WRIOG. TRAEAN SARHAED EI GWR: ONI BYDD GWRIOG, HANNER SARHAED EI BRAWD. EI GALANAS, NA GWEDDW NA GWRIOG, HANNER GALANAS EI BRAWD.

SET YW EI SARHAED POB MAEDDU A WNEL EI GWR ARNI EITHR AM DRI PHETH: SET YW Y TRI Y DYLY EI MAEDDU, AM RODDI PETH NI DDYLYO EI RODDI, AC AM EI CHAFFAEL GYDA GWR ARALL DAN DDWYLL, AC AM DDYMUNO MEFL AR EI FARF:

RHYDD YW GWRAIG I FYNED Y FFORDD Y MYNNO, GAN NAD OES GAETHIWED ARNI NAMYN EI HAMOBR.

DDERFYDD I WRAIG FOD RHODDIAID ARNI, DAN EI HAGWEDDI Y DYLY FOD HYD YMHEN Y SAITH MLYNEDD: AC ER BOD TAIR NOS YN EISIAU O'R SEITHFED FLWYDDYN AC YSGAR OHONYNT, RHANNU POB PETH A DDYLYANT YN DDAU HANNER, Y WRAIG BIAU RHANNU AR GWR DDEWIS.

OS AM EI CHAFFAEL GAN WR YI MAEDD NI CHAIFF NAMYN HYNNY O IAWN GAN NA DDYLYIR YR IAWN A'R DIAL AM YR UN GYFLAFAN

POB CYFLAFAN A WNEL GWRAIG, TALED EI CHENEDL DROSTI FEL DROS WR: AC O BYDD GWRIOG HITHAU, TALED HI A'I GWR EI DIRWY

Uchod: Darnau o Gyfraith Hywel sy'n berthnasol i ferched, wedi eu cerfio ar lechen a'u gosod yng Ngardd y Gwragedd yn Hendy-gwyn ar Daf. Dde: Gwnaed clwydi hardd Gardd y Gwragedd gan y gof David Petersen o Sanclêr.

Above: Clauses of Hywel's Law pertinent to women, carved on slate and set in the Women's Garden in Whitland. Right: The beautiful gates to the Women's Garden, made by blacksmith David Petersen of St Clears.

TEITHI CASEC YW TYNNU CAR YN ALLT AC YNG NGWAERED A DWYN DWN TRAWS A BOD YN EBOLIOG; ONI BYDD FELLY, OS EI PHRYNU A DDERFYDD, ADFERER EI THRAEANGWERTH.

pryd. Cytundeb cyfreithiol ac nid sacrament crefyddol oedd priodas. Yng Nghyfraith Hywel gallai gwraig gael ysgariad oddi wrth ei gŵr os oedd e'n ddifrifol wael, os oedd ei anadl yn drewi, neu os nad oeddent yn gallu cael cyfathrach rywiol. Petai'r ysgariad ar ôl saith mlynedd o briodas câi'r wraig hanner eiddo'i gŵr. Unwaith eto mae'r gyfraith yn dynodi'n union pwy fyddai berchen beth, a châi hyd yn oed y meibion eu rhannu'n deg rhwng eu rhieni.

Mae'n amlwg fod y deddfau Cymreig cynnar hyn yn gyfiawn ac yn ddigonol ar

contract and not a religious sacrament. In 'Hywel's Law' a wife could obtain a divorce from her husband if he was severely ill, if he had bad breath or if they were unable to have sexual intercourse. If the divorce occurred after seven years of marriage the wife was entitled to half her husband's property. Once again the law determined exactly who should have what. Even sons were divided out equitably between their parents.

It is clear that these early Welsh laws were just and sufficient for every occasion. The law books were used daily by lawyers

gyfer pob achlysur. Câi'r llyfrau cyfraith eu defnyddio bob dydd gan gyfreithwyr mewn llysoedd barn. Mae'r llu termau cyfreithiol cywrain ynddynt yn profi fod y Gymraeg yn iaith soffistigedig ac ymarferol yn yr Oesoedd Canol. Mae'r cyfreithiau'n cael eu hystyried yn un o greadigaethau mwyaf ysblennydd diwylliant y Cymry.

I ddathlu'u hathrylith, ac i goffáu cyfraniad Hywel Dda tuag at lunio'r llyfrau cyfraith, penderfynwyd codi cofeb yn Hendy-gwyn ar Daf yn 1986. Dewisodd y

in the law courts. The vast number of accurate legal terms indicate that Welsh was a sophisticated and practical language during the Middle Ages. The laws are considered to be one of the most splendid creations of Welsh culture.

To celebrate their genius, and to commemorate Hywel Dda's contribution to the compilation of the law books, it was decided to erect a memorial in Whitland in 1986. The designer, Peter Lord, chose to create a garden. The garden was divided

Canolfan Ymwelwyr Hendy-gwyn ar Daf.

Whitland Visitors' Centre.

Golygfa o erddi Hywel Dda yn Hendy-gwyn ar Daf.

A panoramic view of the commemorative gardens at Whitland.

cynllunydd, Peter Lord, greu gardd goffâd. Rhannwyd yr ardd yn chwe is-ardd i gynrychioli adrannau'r cyfreithiau; yng ngardd y llys, er enghraifft, plannwyd derwen yn symbol o bŵer y brenin. Ysgythrwyd darnau o'r cyfreithiau ar lechi ac fe'u darluniwyd mewn enamel lliwgar. Mae'r Ganolfan Wybodaeth hithau wedi'i hysbrydoli gan ffurf 'Tŷ Gwyn' y llyfrau cyfraith. Trwy'r cynllun dychmygus hwn cafwyd cofeb deilwng yn Hendy-gwyn i Hywel Dda a'r cyfreithiau.

into six sub-gardens to represent the sections in the law books; in the court garden, for example, an oak tree was planted as a symbol of the king's power. Extracts of the laws have been engraved in slate and they are illustrated in colourful enamels. The Information Centre was inspired by the form of 'y Tŷ Gwyn' (the White House) in the laws. Through this imaginative design there is a worthy memorial at Whitland to Hywel Dda and the laws.

Dyma gynllun y gerddi coffa yn Hendy-gwyn ar Daf, yn dangos y chwe gardd arwyddocaol.

A plan of the memorial gardens at Whitland, showing the six distinct areas symbolised by individual trees.

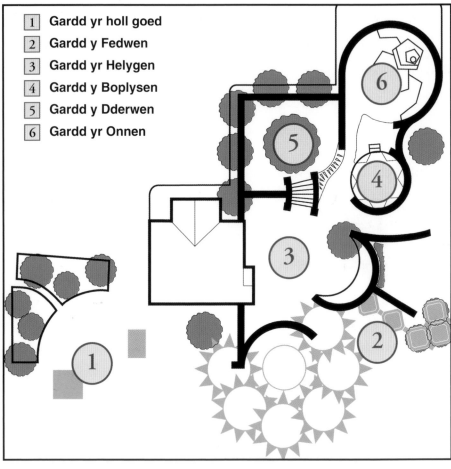

1 **Gardd yr holl goed**
2 **Gardd y Fedwen**
3 **Gardd yr Helygen**
4 **Gardd y Boplysen**
5 **Gardd y Dderwen**
6 **Gardd yr Onnen**

1 Gardd yr holl goed	– Cymdeithas	1 Fruit trees	– Society
2 Bedwen	– Trosedd a cham	2 Birch	– Crime and slight
3 Helygen	– Gwragedd	3 Willow	– Women
4 Poplysen	– Cytundebau	4 Poplar	– Contract
5 Derwen	– Y Brenin a'r Llys	5 Oak	– The King and his Court
6 Onnen	– Eiddo	6 Ash	– Property

Does ryfedd, felly, i Hywel ap Cadell gael ei alw'n 'Dda'. Llwyddodd i uno Cymru trwy rym milwrol, ond trwy'r llyfrau cyfraith rhoddodd i Gymru'r Oesoedd Canol symbol llawer mwy pwerus a pharhaol o'i hundod a'i hunaniaeth genedlaethol.

It is hardly surprising, therefore, that Hywel ap Cadell became known as 'the Good'. Through military prowess he succeeded in uniting Wales, but through the law books he gave medieval Wales a far more potent and lasting symbol of its unity and national identity.

Dymuna'r cyhoeddwyr ddiolch i Jean Griffiths a Ken Rees o Ganolfan Treftadaeth Hywel Dda, Hendy-gwyn ar Daf, am bob cydweithrediad ac am roi benthyg llawer o luniau ar gyfer y gyfrol hon.
Yn ogystal diolchir i: Llyfrgell Genedlaethol Cymru (2, 8, 9, 10, 14, 15, 16, 17); David Williams (4, 6); Steve Benbow/Photolibrary Wales (5); Olwen Fowler (22)

The publishers wish to thank Jean Griffiths and Ken Rees of the Hywel Dda Heritage Centre, Whitland, for their co-operation and for providing many photographs for this book. Thanks also to the National Library of Wales (2, 8, 9, 10, 14, 15, 16, 17); David Williams (4, 6); Steve Benbow/ Photolibrary Wales (5); Olwen Fowler (22)

Cyhoeddir fel rhan o gyfres gomisiwn *Cip ar Gymru* Cyngor Llyfrau Cymru.
Published in the *Wonder Wales* series commissioned by the Welsh Books Council.

ⓗ Gwasg Gomer 2004 ©

Cedwir pob hawl. Ni chaniateir atgynhyrchu unrhyw ran o'r cyhoeddiad hwn, na'i gadw mewn cyfundrefn adferadwy, na'i drosglwyddo mewn unrhyw ddull na thrwy unrhyw gyfrwng, electronig, electrostatig, tâp magnetig, mecanyddol, ffotogopïo, recordio, nac fel arall, heb ganiatâd ymlaen llaw gan y cyhoeddwyr, Gwasg Gomer, Llandysul, Ceredigion, Cymru.

All rights reserved. No part of this book may be reproduced, stored in a retrieval system, or transmitted in any form or by any means, electronic, electrostatic, magnetic tape, mechanical, photocopying, recording, or otherwise, without permission in writing from the publishers, Gomer Press, Llandysul, Ceredigion.

ISBN 1 84323 2502